GESTANTE
Elaboração de Programa de Exercícios

INSTITUTO PHORTE EDUCAÇÃO
PHORTE EDITORA

Diretor-Presidente
Fabio Mazzonetto

Diretora Executiva
Vânia M. V. Mazzonetto

Editor Executivo
Tulio Loyelo

GESTANTE
Elaboração de Programa de Exercícios
2ª edição

ÉRICA VERDERI

São Paulo, 2009

Gestantes: Elaboração de programa de exercícios

Copyright © 2006, 2009 by Phorte Editora Ltda.

Rua Treze de Maio, 596 – Bela Vista – São Paulo – SP
CEP: 01327-000 – Brasil
Tel/Fax: (11) 3141-1033
Site: www.phorte.com   **E-mail:** phorte@phorte.com

CIP-BRASIL. CATALOGAÇÃO-NA-FONTE
SINDICATO NACIONAL DOS EDITORES DE LIVROS, RJ

V593g
2.ed

Verderi, Érica, 1965-
  Gestante : elaboração de programa de exercícios / Érica Verderi. - 2.ed..
- São Paulo : Phorte, 2009.
  152p. : il.

  Inclui bibliografia
  ISBN 978-85-7655-221-5

  1. Exercícios físicos para grávidas. 2. Gravidez. I. Título.

09-1281.	CDD: 618.244
	CDU: 618.2-082
24.03.09 26.03.09	011661

Impresso no Brasil
Printed in Brazil

DEDICATÓRIA

Dedico este livro às mamães e aos seus bebês. Obrigada por fazerem parte deste momento.

AGRADECIMENTO

À amiga Dra. Mônica Cenci Antunes Húngaro, pela revisão das considerações clínicas.

Às colaboradoras

Dra. Juliana Prestes Furlan – Genicologia e Obstetrícia
Dra. Marta Wey Vieira – Genética Médica e Pediatria
Dra. Rosana Martins Simoneti – Genicologia e Obstetrícia

Obrigada Senhor por mais esta conquista inspirada por vossa sabedoria.

Vida a fora o meio exercerá sua influência,
sua atração falará à criança através das suas diferentes
"linguagens",
convidando-a ou mesmo impelindo-a a agir ou,
por outro lado,
inibindo-a.
Vera de Barros Oliveira

APRESENTAÇÃO

Partindo do conceito da globalização, podemos considerar a Educação Física como uma ciência global, que ocupa hoje inúmeros espaços no mercado de trabalho, valorizando e credibilizando dia-a-dia nossos profissionais. No entanto, nota-se um menor espaço conquistado na Educação Física por profissionais que se dedicam aos Programas de Exercícios para Gestantes.

Considerando o vasto campo explorado por nossos profissionais, acredito que este tema não necessita de apresentação, pois o trabalho com gestantes vem, gradativamente, destacando-se em Cursos de Extensão, Simpósios, Congressos, Sessões Científicas e outras.

Dedicando-me neste estudo ao longo dos anos e identificando a escassez de oportunidades que são oferecidas às gestantes nos clubes, academias etc., pretendo, nestas páginas, mais do que oferecer informações metodológicas e científicas – os livros, os artigos estão disponíveis em vários meios –, mas apresentar situações que estimulem cada dia propostas de inovação a este público diferenciado e, por isso, muito especial.

Que as futuras mamães, "suas barrigas" e seus bebês, fonte de inspiração e fundamentação para este ideal, possam estimular mais profissionais a trilhar este caminho que possibilita a continuidade de toda a humanidade.

Érica Verderi

PREFÁCIO

Ao abordar de forma simplificada, porém ampla, todas as etapas da gestação, a autora proporciona às novas mamães a possibilidade de acompanhar passo-a-passo o desenvolvimento de seus bebês e as modificações que ocorrem em seu próprio corpo.

O livro expõe de forma clara as conseqüências envolvidas nesta transformação, esclarece as dúvidas mais comuns e ainda propõe uma adaptação mais saudável à nova situação através de exercícios, contribuindo para diminuir a ansiedade e agitação própria do período, que são contornadas com a desmistificação do desconhecido. Aos profissionais da Educação Física, uma oportunidade de crescimento e ampliação de horizontes.

É uma leitura leve, gostosa e esclarecedora que com certeza irá fazer parte importante na formação de novas vidas.

Dra. Mônica Cenci Antunes Húngaro
Cirurgiã Pediátrica

SUMÁRIO

INTRODUÇÃO 17

1. Considerações sobre o Período Gestacional.. 19

SEMANA A SEMANA: ALGUMAS PARTICULARIDADES.................................... 23

2. Exercícios e Gestação....................................33

AVALIAÇÃO MÉDICA.. 36

CUIDADOS BÁSICOS COM A FREQÜÊNCIA CARDÍACA MATERNA 36

INFLUÊNCIA DA GRAVIDEZ NO SISTEMA MÚSCULO ESQUELÉTICO 38

Previna a dor nas costas... 40

CUIDADOS COM A ADOÇÃO DAS POSTURAS DURANTE OS EXERCÍCIOS....... 42

PRINCIPAIS ALTERAÇÕES 44

RECOMENDAÇÕES PARA OS EXERCÍCIOS 47

CONSIDERAÇÕES SOBRE O PROGRAMA 50

Elaboração do programa 52

Fatores de risco 53

Benefícios.. 54

PROGRAMA PRÉ-PARTO.. 56

Exercícios respiratórios 56

Exercícios em pé 61

Exercícios em decúbito dorsal 63

Exercícios em decúbito lateral 81

Exercícios sentada – cadeira 83

3. Exercícios Pós-Parto 95

Exercícios 100

PROGRAMA BABY 109

4. Sugestão de Formulário para o Programa de Exercícios 133

ANAMNESE 135

Outras observações 138

5. Orientações à Gestante 139

COMO RELAXAR E EXERCITAR O CORPO DURANTE A GRAVIDEZ 141

SUGESTÕES PARA A MATERNIDADE 143

Uso da mãe 143

Uso do bebê 144

DICAS GERAIS 144

Outros itens importantes 145

DIREITOS SOCIAIS DA GESTANTE 146

BIBLIOGRAFIA CONSULTADA 149

INTRODUÇÃO

A gravidez é considerada, finalmente, uma modificação no estado de saúde da mulher, mais do que um estado de doença. Como resultado, cada vez mais mulheres estão buscando Programas de Atividade Física, ao longo de toda sua gravidez. Somado a isto, as futuras mamães estão cada vez mais conscientes dos benefícios dos exercícios mesmo não tendo um histórico de atividade física anterior.

Este estudo pretende estimular e oferecer sugestões para que profissionais da saúde se preocupem em aprimorar sua atuação com gestantes e possam, a partir daí, contribuir com momentos de maior deleite e bem-estar para a mamãe e o bebê nos períodos pré e pós-parto.

O folhear das páginas nos mostrará os caminhos da gestação, os cuidados deste período, os exercícios e a importância de realizá-los em programas diferenciados para o período gestacional. Muitas são as possibilidades, no entanto, este estudo sugere vivências que tenho experienciado no percurso de minha jornada e que, com muita dedicação tem proporcionado resultados significativos para as gestantes.

Como somente nascer, não é a finalização, e sim, o princípio de tudo, oferecemos oportunidades de vivência para a mamãe e seu bebê. E na intimidade de ambos, a descoberta de seu corpo e o calor de um corpo para o outro.

1. Considerações sobre o Período Gestacional

A futura mamãe passa por algumas alterações em seu organismo durante a gestação. Com certeza, a mudança mais significativa corresponde ao útero. Ao receber o feto, o útero modifica seu tamanho e sua forma. Envolve o bebê (que pesa em média 3kg) em líquido amniótico e placenta. Sendo assim, o peso inicial do útero passa de 40g a até 1kg no final da gestação.

As trompas e os ovários, por sua vez, com a evolução do útero, modificam sua posição e se posicionam por debaixo do útero (Figura 1.1).

Com a evolução da gestação, a bexiga fica comprimida ocorrendo a polaciúria (freqüente necessidade de urinar).

As mamas aumentam de tamanho e a auréola e o mamilo tornam-se mais salientes.

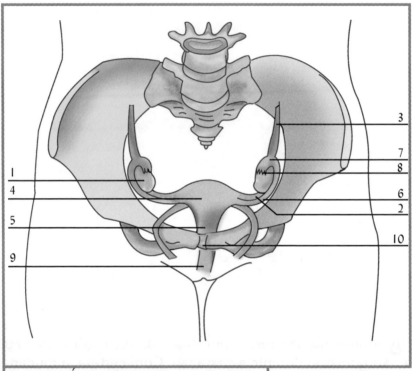

Figura 1.1 Órgãos Genitais Internos Feminino.

1 – Ovários
2 – Ligamento próprio do ovário
3 – Ligamento suspensor do ovário
4 – Fundo do útero
5 – Colo do útero
6 – Istmo da tuba uterina
7 – Infundíbulo da tuba uterina
8 – Fímbrias da tuba uterina
9 – Vagina
10 – Sínfise púbica

Até o terceiro trimestre, a mamãe pode sentir astenia (fadiga) e sonolência, mas com o avançar da gestação estes sintomas desaparecem.

O endurecimento da parede abdominal pode ocorrer a partir do quarto mês, com o início do movimento do bebê. São contrações indolores que desaparecem quando o bebê fica "quietinho". Em algumas gestantes, o abdômen se desloca para frente, promovendo um estiramento da pele, também podendo ocasionar dores lombares pela sobrecarga que esta região da coluna estará recebendo. Isso pode indicar estreitamento da parte alta da pélvis, falta de mobilidade pélvica e a necessidade de acomodar mais confortavelmente o feto.

A marcha também é alterada. A partir de então, modifica-se o equilíbrio do tronco em relação a pelve e MMII (Membros Inferiores), podendo favorecer as dores ciáticas. Sendo assim, a gestante passa a adotar um novo posicionamento para a estática e para a dinâmica, consideração importante no momento da prescrição dos exercícios.

O início da gestação é calculado a partir do primeiro dia da última menstruação e pode evoluir até 280 dias – 40 semanas aproximadamente. É um número aproximado, tendo em vista que a maioria dos bebês não nasce na data exata da "contabilidade".

Vejamos a seguir com mais detalhes, a evolução deste período especial.

SEMANA A SEMANA: ALGUMAS PARTICULARIDADES

A ovulação costuma ocorrer por volta do 14º dia em mulheres com ciclos regulares de 28 dias. Um ou mais óvulos são amadurecidos e preparados para a ovulação, e na camada interna do útero, o endométrio se prepara para receber o óvulo fecundado. A temperatura média do corpo tende a aumentar em 1°C no período da ovulação.

No momento da relação sexual, mais de 350 milhões de espermatozóides iniciam a corrida para chegar ao óvulo. O primeiro a chegar será o responsável pela nova vida.

1ª semana: O óvulo fecundado inicia sua jornada pela tuba uterina em direção ao útero. O número de células do óvulo é duplicado a cada 12 horas. A mórula (16 células) chega ao útero 4 dias depois. Pode ocorrer sangramento quando o óvulo se infiltra na parede do útero, mas ele não será intenso.

2ª semana: O óvulo continua a se dividir. Forma-se o embrião e a placenta. Nesta semana, os hormônios do embrião já interagem com o corpo materno, e o teste de gravidez pode ser positivo. Ocorre o atraso menstrual e, em alguns casos, uma secreção violácea substitui a menstruação.

3ª semana: Divisão do embrião no útero em três camadas embrionárias, as quais originarão todos os órgãos e sistemas. O ovo mede 2mm. Uma faixa nas costas aparece formando o tubo neural. A partir disso, o embrião assume a forma de C, a primeira curvatura fisiológica (cifose).

4ª semana: O coração (do tamanho de uma lentilha) já bate. Os membros começam a surgir, a cabeça é desproporcional em relação ao corpo e o cordão umbilical já liga o embrião à placenta. Nesta semana também se inicia o desenvolvimento do sistema nervoso e dos órgãos internos. A mamãe começa a se sentir mais cansada e sonolenta, com enjôos e náuseas. Sente desejos por alguns alimentos e rejeição a outros.

5ª semana: A face já começa a ser definida. Olhos, orelhas, boca e língua. Uma camada fina começa a surgir – a pele. Uma fina camada coagula, fechando a passagem no colo do útero.

6ª semana: Formação do esôfago e início da formação dos pulmões. O embrião já "cresceu" e podemos visualizar braços e pernas. Mede entre 5 e 13mm, com peso de 0,8g.

7ª semana: Nesta semana podemos identificar as primeiras ondas cerebrais. Cerca de 250 mil novos neurônios são produzidos a cada minuto. Os orgãos sexuais (ovários ou testículos), músculos e articulações começam a se formar. Também temos o ápice do hormônio da gravidez Hormônio Coriônico Gonadotrófico (HCG), promovendo algumas mudanças na mamãe – pele mais lisa e cabelo mais oleoso.

8ª semana: O embrião já se torna um feto. Braços, mãos, olhos e orelhas já avançam no desenvolvimento. O coração embrionário está completamente desenvolvido.

9ª semana: O bebê já tem cerca de 44 a 60mm de comprimento e peso 8g, todos os órgãos já estão formados. A cabeça é a metade do comprimento do corpo. É o final da embriogênese e início do período fetal e do desenvolvimento e maturação.

10ª semana: O pâncreas começa a produzir insulina e o fígado, a bile. As unhas começam a sair. O feto continua seu desenvolvimento, a cada semana assemelhando-se ao ser humano – "mais parecido com o pai ou com a mãe". O volume de sangue aumenta no corpo e a mamãe pode passar a sentir mais calor.

11ª semana: A mamãe ainda não sente, mas o bebê já se movimenta dentro do útero. Os hormônios se estabilizam e a gestante começa a se sentir mais disposta.

12ª semana: É a fase mais tranqüila da gestação. O bebê já apresenta expressões faciais, iniciando o movimento dos músculos da face e do corpo. Surge a lanugem (pelugem protetora) que cresce por todo o corpo. O coração bate mais forte e bombeia um volume maior de sangue por todo o corpo.

13ª semana: Os pulmões começam a se desenvolver. O cabelo começa a surgir. Os braços possuem articulações e dobram nos movimentos do bebê. A partir desta semana, a mamãe precisa renovar seu guarda-roupa, as medidas aumentam e a "barriguinha" começa a aparecer.

14ª semana: A partir desta semana, a mamãe já pode começar a sentir o bebê se mexendo e, através do ultra-som, identificar o sexo. Podemos ouvir o coração ao sonar. O bebê está cada vez mais parecido com o ser humano. Mede em torno de 15cm e pesa 80g. Se for menina, 5 milhões de óvulos são formados nessa fase. Começa a produção de leite materno.

15ª semana: O esqueleto, predominantemente cartilaginoso, passa a se tornar ósseo, mas sem perder a flexibilidade, importante para o momento do parto. A pressão sangüínea aumenta e pode ocorrer sangramento no nariz e na gengiva.

16ª semana: A placenta já está do tamanho do bebê. Ela provêm o alimento para ele e a eliminação de substâncias tóxicas.

17ª semana: A mielina recobre os nervos e é ela que permitirá toda a informação através deles. Os movimentos do bebê são conscientes, ele muda de posição e responde aos estímulos externos, como luz e som.

18ª semana: O coração possibilita o sangue fluir por todos os órgãos. Estamos na metade da gravidez. A mamãe já pode saber, com certeza, se espera um menino ou uma menina. Mede cerca de 16cm e pesa aproximadamente 260g.

19ª semana: As atividades diárias da mamãe já interferem no sono do bebê. E, quando ele está acordado, seus movimentos são sentidos. Mede 18cm e pesa 300g. O colostro (primeiro leite materno) começa a ser produzido.

20ª semana: O vernix caseoso (substância branca parecida com margarina) recobre o bebê. Esta substância facilita o deslizamento do bebê no parto e o protege de infecções de pele. O bebê toca o rosto, brinca com as pernas, e com os braços. As estrias podem aparecer na mamãe. É hora de redobrar a hidratação.

21ª semana: O bebê pode ouvir tudo que se passa em volta da gestante. Vamos conversar com ele. O útero se prepara para o parto, com espasmos irregulares e indolores. O bebê mede cerca de 20cm e pesa 450g.

22ª semana: Os dentes começam a se formar. Os pulmões estão mais desenvolvidos. O bebê se movimenta com mais intensidade e força, dando chutes e socos no útero. O crescimento do bebê começa a pressionar o estômago e a mamãe pode começar a sentir azia e má-digestão.

23ª semana: O cordão umbilical está forte e possui duas artérias e uma veia em seu interior para promover todas as trocas necessárias entre a mãe e o bebê. O útero está do tamanho de uma bola de futebol e pode pressionar o diafragma e costelas inferiores.

24ª semana: A coluna do bebê está cada vez mais evoluída e estruturada a cada dia. O movimento do bebê pode provocar algumas dores na mamãe, mas ao deitar de lado, as dores aliviam. O bebê começa a engordar.

25ª semana: O bebê pode enxergar. Ele abre os olhos e percebe variações de claridade. A partir desta semana, o bebê tem 85% de chance de sobreviver fora do útero da mãe.

26ª semana: As diferenças sexuais (menino ou menina) estão cada vez mais evidentes. O bebê pesa em média 1,1kg e mede 25cm.

27ª semana: Inicia-se o terceiro e último trimestre. O cérebro continua a evolução e as funções ganham velocidade. É conveniente um exame vaginal para avaliar as condições de dilatação do útero. O útero pressiona a bexiga e a mamãe passa a urinar mais vezes. O bebê mede 26cm e 1,25kg.

28ª semana: Os cabelos já estão mais definidos. O bebê está quase pronto para nascer. É um período prédisposto a um parto prematuro. O bebê mede 27cm e pesa 1,4 kg.

29ª semana: O bebê aparece lindo no ultra-som. Com sorte, você pode vê-lo chupando o dedo. Os órgão internos estão desenvolvidos. A mamãe pode começar a sentir dores nas costas, pelo peso da gestação e também porque os músculos de sustentação das costas se preparam para o parto.

30ª semana: Os pulmões já se preparam para o nascimento e iniciam os movimentos respiratórios. Dentro da barriga, os pulmões respiram o líquido amniótico. Se o bebê já estiver de ponta-cabeça, seus pés podem pressionar as costelas da mamãe, provocando desconforto. Quanto mais a gestante conseguir manter a postura ereta, menos desconforto ela sentirá.

31ª semana: O bebê já está "grande", mede cerca de 30cm e pesa em torno de 2kg. O útero tende a comprimir os pulmões e a mamãe pode sentir falta de ar e tontura. Os movimentos do bebê diminuem. O espaço está ficando pequeno. A mamãe pode começar a sentir algum desconforto quando o bebê se movimenta.

32ª semana: A partir desta semana, a maioria dos bebês está em posição para nascer – de cabeça para baixo. Este posicionamento favorece o parto vaginal. Caso contrário, se ele estiver sentado ou atravessado, o parto deverá ser cesariana.

33ª semana: O pulmão e outros órgãos estão quase prontos. O sistema imunológico começa a se desenvolver. O bebê tem cerca de 33cm e pesa 2,55kg. É importante fazer os exames de sangue e checar como está a saúde da futura mamãe.

34ª semana: A barriga pode se modificar – "diminuir".

Isso indica que o bebê está encaixado na pelve e esperando para nascer. Se houver necessidade, a cesariana pode ser marcada a partir desta semana.

35ª semana: A partir desta semana o bebê já pode nascer. Ele está pronto, "maduro", para vir ao mundo. O mal-estar da mãe diminui.

36ª semana: A gravidez pode durar até 42 semanas; então resta esperar. O bebê pesa de 2,9kg a 5kg e tem, em média, 50cm. A partir desta semana, o bebê ganha mais peso e finaliza-se a maturação dos órgãos.

Atenção à movimentação do bebê e às contrações. Normalmente, os bebês nascem na 40ª semana.

A perda de líquido pela vagina (rompimento da bolsa) pode indicar que o nascimento está próximo. É hora de ligar para o médico. A mamãe pode praticar os exercícios de respiração (devem durar em média 40 segundos) e de relaxamento. Esses, trarão grandes benefícios no momento das contrações e na hora do parto.

Os bebês nem sempre avisam o horário da chegada. É bom estar com tudo pronto. O trabalho de parto dura, em média, oito horas, na primeira gestação. As contrações duram, em média, 40 segundos. O cordão umbilical será cortado, e um pequeno pedaço dele ficará unido ao umbigo do bebê, caindo durante o primeiro mês de vida. Veja abaixo como o bebê está posicionado e esperando o momento de sair (Figura 1.2 a e b).

Gestante: Elaboração de Programa de Exercícios

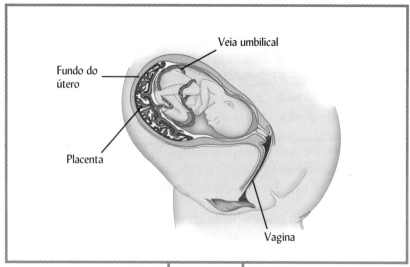

Figura 1.2a

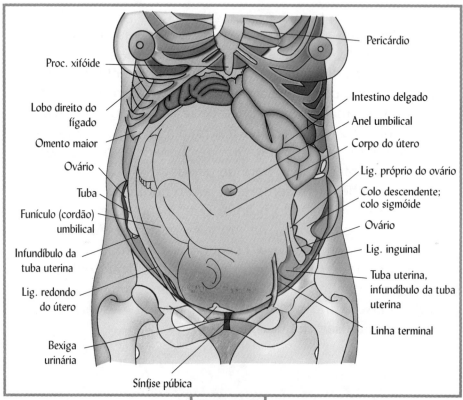

Figura 1.2b

2. Exercícios e Gestação

O objetivo de fazer exercícios e participar de uma aula para gestantes não é condicionar fisicamente. Cabe ao Educador Físico escolher o programa mais adequado a cada fase da gestação e adaptá-lo criteriosamente às necessidades da gestante.

Faz-se importante identificar, através de uma Anamnese, prováveis alterações que a gestante pode apresentar: desequilíbrios emocionais, limitações físicas, atividade profissional, convivência familiar, entre outros, e orientar a gestante a vivenciar esta fase em grande harmonia, evitando desconfortos físicos e emocionais.

Ao Educador Físico, também depende o bem-nascer da criança, resultado do programa que irá aplicar à futura mamãe; transmitindo-lhe segurança e tranqüilidade, ajudando-a a entender e, principalmente, participando de todas as etapas, dificuldades e prazeres desta fase maravilhosa.

AVALIAÇÃO MÉDICA

Antes de iniciar o programa de exercícios, a gestante deverá ser encaminhada por seu obstetra a um exame de ultra-sonografia, avaliação cardiológica, com eletrocardiograma e avaliação clínica geral, como palpação da tireóide, baço, fígado, rins e outras recomendações clínicas necessárias.

Apesar das inúmeras vantagens que o exercício físico promove à gestante, é imprescindível o acompanhamento médico durante o programa de atividade física. O profissional de Educação Física poderá desenvolver um relatório mensal do desempenho da gestante nas atividades, para que a mesma possa entregar ao médico o relatório de sua condição física no determinado período.

Somente após a liberação médica, a gestante irá submeter-se aos exercícios, visando aos exercícios adequados ao seu período de gestação.

O Educador Físico deverá anotar semanalmente o rendimento da gestante no programa de atividade física e comunicar imediatamente ao médico sobre quaisquer alterações significativas.

CUIDADOS BÁSICOS COM A FREQÜÊNCIA CARDÍACA MATERNA

Na gestação, o volume sanguíneo aumenta 40% ou mais, ocorre um aumento maior no plasma do que nas células vermelhas. Consequentemente, o nível de hemoglobina diminui para 80% (anemia fisiológica) e as futuras mamães passam a se sentir mais cansadas e com mal-estar no começo da gravidez. O coração, por sua vez, aumenta de tamanho e acomoda mais sangue. Nesta seqüência, o volume da pulsação cresce e a produção cardíaca aumenta de 30 a 50%. Devemos ter cuidado na aplicação dos exercícios, já que esses favorecem a dilatação cardíaca. Precaução redobrada quando a gestante aumenta de volume e peso.

Em 1985, o Colégio Americano de Ginecologia e Obstetrícia (ACOG) publicou orientações sobre o exercício durante a gravidez. Eles optaram por uma abordagem cuidadosa, aconselhando as gestantes a se exercitarem moderadamente, com sessões de 15 minutos, mantendo a freqüência cardíaca abaixo de 140 batimentos por minuto. Essas orientações suscitaram protestos por parte de alguns especialistas, que as consideravam muito conservadoras.

Numa revisão da literatura médica, os pesquisadores concluíram que o exercício realizado durante 40 a 45min, três vezes por semana e com freqüência cardíaca entre 140 e 145 batimentos por minuto não pareciam afetar de maneira adversa nem a mãe nem o feto (Nieman,1999).

A Freqüência Cardíaca materna deverá ser preconizada com o limite máximo de 140bpm ou respeitando a intensidade de 70% do VO_2 máx. Se não for possível sua verificação direta, deverá ser adotada a seguinte tabela:

220 - idade x 70% = zona de treinamento

Uma freqüência cardíaca materna elevada durante os exercícios pode causar um aumento na temperatura corporal fetal, proporcionando riscos e comprometimentos na integridade de seu desenvolvimento neurológico.

A FC da gestante com comprometimento cardíaco deverá ser mensurada com freqüência durante a realização dos exercícios ou monitorizada com aparelhos específicos – tipo polar – onde os limites são pré-estabelecidos e, ao ser atingido, o monitor soa um alarme. Assim, a paciente reduz a intensidade do exercício imediatamente, evitando possíveis prejuízos à saúde fetal.

INFLUÊNCIA DA GRAVIDEZ NO SISTEMA MÚSCULO ESQUELÉTICO

Algumas alterações no sistema músculo esquelético são importantes para prescrição dos exercícios, vejamos a seguir:

- Os estrogênios, a progesterona e a relaxina, segundo Polden e Nantle (2000), são responsáveis por um aumento generalizado na flexibilidade da articulação, e então na extensão da mesma. O aumento da flexibilidade da articulação é importante para o parto e favorece a dilatação da sínfise púbica. Geralmente a flexibilidade da articulação regride pósparto para próximo ao estado pré-gravidez, mas isso pode levar seis meses.

- Devido ao edema e à embebição gravídica, pode ocorrer compressões nervosas em articulações de MMSS (Membros Superiores) (punhos), causando sensação de dor e formigamento na mão, que costumam regredir com o tempo e tratamento adequado.

- A postura da gestante nos exercícios e nas AVDs (Atividades da Vida Diária) devem ser adaptadas para compensar a alteração do centro de gravidade. A lordose lombar e a cifose torácica tem tendência a acentuar neste período.

- O peso do corpo aumentado, eleva a pressão na coluna e, conseqüentemente, o esforço nas articulações, podendo provocar dores nas costas. Aproximadamente 50% das gestantes se queixam de dor nas costas (Polden e Natle, 2000). O músculo do abdômen forte e a postura equilibrada podem aliviar a dor nas costas e prevenir o aparecimento de outras sintomatologias dolorosas. Segundo o Colégio Americano de Obstetrícia e Ginecologia (ACOG), a gestante com peso reduzido no início da gestação pode ganhar de 12,5 a 18kg, para as gestante com peso normal, de 11,5 a 16kg e para as gestantes que se apresentam acima do peso ideal, de 7 a 11,5kg – dados baseados no Indíce Massa Corporal (IMC) antes do período gestacional.

- O abdômen se dilata. Os dois músculos retos abdominais se separam e a linha alba se divide (diástase dos retos abdominais). Esta condição pode ocorrer no segundo trimestre de gravidez e a separação pode chegar em torno 2,5cm. Se este número exceder, os exercícios abdominais deverão ser suspensos.

- A retenção hídrica pode resultar em edema dos tornozelos e pés, comprometendo a funcionalidade articular.

Previna a dor nas costas

A postura da mamãe é modificada a cada mês da gestação pelo aumento do peso. Sendo assim, a postura adequada será aquela que oferecer a menor sobrecarga nas articulações, equilibrando as curvas da coluna e da pelve em relação aos membros inferiores. O repouso é importante para descansar as articulações, aliviando o peso.

Nos últimos meses de gravidez, as mulheres tendem a projetar os ombros para frente, arqueando mais que o normal a curva das costas, para encontrar um equilíbrio postural. Podem aparecer, assim, dores nas costas pelo excessivo esforço das fáscias musculares, sendo, portanto, um fator negativo ficar por longo tempo em pé, em posição fixa, ou carregar pesos (Ghorayeb e Barros, 1999).

Entretanto, se os músculos posturais-chave, especialmente aqueles do assoalho pélvico, forem fracos, o exercício aeróbico pode ser prejudicial por causa do estresse adicional imposto a essas estruturas (Hall e Brody, 2001). Esses músculos no pré-parto, bem como no pós-parto, são muito afetados em relação as alterações biomecânicas que a gestante sofre no decorrer da gravidez.

As dores lombares com ou sem irradiação para os membros inferiores podem surgir durante a gravidez. Surgem em decorrência da retenção hídrica e da mudança postural dos ossos, das articulações e dos ligamentos. Essas alterações podem levar à estimulação de nociceptores do tipo mecanorreceptores e quimiorreceptores, ativando o mecanismo da dor (Yamamura, 1999). Devemos considerar que a gestante, para manter o equilíbrio, afasta os pés (aumento do quadrilátero de sustentação). No entanto, esta atitude favorece a acentuação da lordose lombar e, como compensação, o aumento da cifose torácica, a protração dos ombros e a protusão da cabeça. Posicionamentos esses, que podem levar ao aparecimento de dores nas costas e desconforto pélvico, pela instabilidade do quadril.

Os paravertebrais devem ser fortalecidos para inibir a acentuação das curvaturas cifóticas e lordóticas (região cervical, torácica e lombar). O trapézio em toda sua porção, abdominais, extensores do quadril e assoalho pélvico devem receber uma atenção especial enquanto equilíbrio do posicionamento e manutenção da tonicidade e força.

O peso e a fadiga, em geral, produzem uma má-postura. Um elemento de instabilidade da articulação pode surgir da mistura de peso extra, lassidão do tecido mole e maior esforço de torção (Polden e Natle, 2000). A hiper-lassidão ligamentar pode alterar o equilíbrio da coluna em relação aos joelhos e tornozelos, expondo essas musculaturas à maior tensão e favorecendo os desequilíbrios da coluna e MMII (Membros Inferiores), sintomatologias dolorosas e o risco de adquirir degenerações discais como os osteófitos (bico de papagaio) e hérnia de disco. A fraqueza dos músculos abdominais e extensores do quadril favorecem o controle precário da estabilidade da pelve e não oferecem resistência a anteversão da mesma.

Para alívio da sintomatologia dolorosa e equilíbrio lombopélvico, podemos incluir no programa exercícios (mobilidade, alongamento e fortalecimento) ativos ou passivos que promovam a estabilização da pelve em relação a articulação sacrailíaca, coxo-femural e lordose lombar, considerando a estática e a dinâmica da gestante à medida que a gravidez progride.

Oferecer, nas aulas, exercícios que favoreçam a percepção corporal e a manutenção da postura adequada.

CUIDADOS COM A ADOÇÃO DAS POSTURAS DURANTE OS EXERCÍCIOS

Esse é um dos principais cuidados a serem tomados durante os exercícios, para que não se tornem prejudiciais ao sistema músculo esquelético da gestante:

- Nunca deverão ser realizados exercícios que favoreçam a acentuação das curvaturas da coluna vertebral lombar e dorsal da paciente, já que normalmente são acentuadas com a evolução da gestação.

- Exercícios que exijam grandes amplitudes articulares devem ser evitados.

- Exercícios de quatro apoios (em solo) e em pé só devem ser realizados se a postura dos mesmos não oferecer desconforto para a gestante.

- Cuidado com os exercícios abdominais, podemos fortalecer a musculatura abdominal sem exigir demais da gestante. O objetivo dos exercícios abdominais está em auxiliar o parto e evitar a diástase dos retos. Não está voltado diretamente para a estética da mamãe.

A checagem para uma diástase dos retos deve ser feita a partir do segundo trimestre, sendo continuada durante toda a gravidez e até na fase pós-parto (Hall e Brody, 2001). Para avaliar a parede abdominal, a gestante se posiciona em decúbito dorsal com os joelhos e quadril flexionados. Flexiona o pescoço até elevar as escápulas e os ombros do solo. O profissional identifica uma proeminência central no abdome. Medir 5cm acima do umbigo e 5cm abaixo (cada dedo tem, aproximadamente, 1cm), posicionando os dedos na direção céfalo-caudal. Verifica-se qual a distância encontrada.

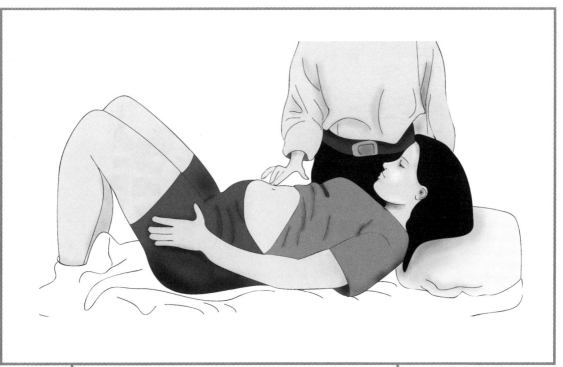

Figura 2.1 Posicionamento para identificação da diástase.

Com freqüência, o professor deverá alertar a gestante quanto a postura correta na realização dos exercícios, evitando assim possíveis traumas articulares.

Cuidado com a posição decúbito dorsal. Com o aumento do peso, o feto pode comprimir a aorta e a veia cava inferior contra a coluna lombar, causando vertigens e, as vezes, até inconsciência. Quando a gestante se sentir indisposta, pedir para que ela vire-se de lado. O mal-estar desaparecerá.

Para alterar da posição deitada para em pé, deve-se tomar cuidado ao levantar a gestante, pois ela poderá sentir vertigens.

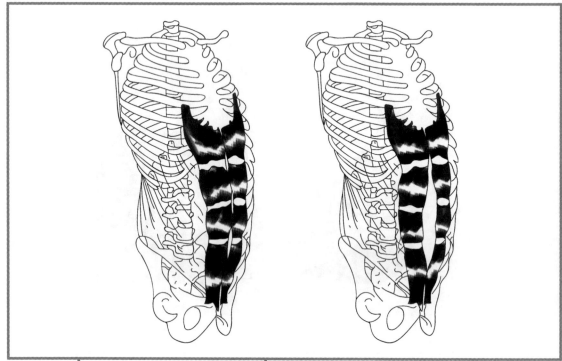

Figura 2.2 Normais e separados.

PRINCIPAIS ALTERAÇÕES

As alterações que ocorrem no corpo da gestante não podem ser subestimadas e variam, em maior ou menor intensidade, frente ao organismo de cada uma.

A fisiologia do sistema endócrino sofre alterações:

- A progesterona e os estrogênios, que inicialmente eram produzidos pelo corpo lúteo, passam a ser produzidos pela placenta, aumentando os níveis no início da gestação, atingem um pico e depois se estabilizam até o parto.

- A relaxina atinge níveis altos no primeiro trimestre e depois se estabiliza até o parto.

Vejamos algumas considerações importantes sobre estes hormônios citadas, por Polden e Mantle (2000).

Efeitos da progesterona:

a) Redução do tônus do músculo liso – absorção aumentada de água no cólon, constipação, tônus uterino e da bexiga reduzido.
b) Aumento de temperatura em 0,5°C.
c) Hiperventilação.
d) Desenvolvimento das células alveolar e glandular produtoras de leite.
e) Depósito de gordura aumentado.
f) Sonolência e difícil concentração no trabalho no início da gravidez.

A ação da progesterona freqüentemente está combinada ao dos estrogênios, ou pode ser modificada por eles, que têm uma influência oposta e provavelmente equilibram sua ação (Ziegel e Cranley, 1986).

Efeitos dos estrogênios:
a) Aumento no crescimento do útero e dos dutos mamários.
b) A retenção de água é aumentada, podendo causar a retenção de sódio.
c) Níveis crescentes de prolactina para preparar as mamas para a lactação.

Efeitos da relaxina:
A função exata da relaxina ainda é incerta, mas se pode considerar:

a) Substituição gradual de colágeno e amolecimento das cartilagens das articulações pélvicas, cápsulas articulares e cérvix, promovendo uma maior extensibilidade e flexibilidade. A síntese de colágeno é maior do que sua degredação, e há um conteúdo de água aumentado, havendo, então, um aumento em volume.
b) Pode ter um papel importante na habilidade do útero em distender-se, no amadurecimento cervical e no crescimento mamário.

Outras alterações:

c) Aumento do metabolismo basal.
d) Aumento do consumo de oxigênio.
e) Retenção hídrica, proteínas e sais minerais.
f) Aquisição de gorduras.
g) Diminuição progressiva da eficiência "gasto energético x trabalho".

RECOMENDAÇÕES PARA OS EXERCÍCIOS

- A Freqüência Cardíaca não deverá ultrapassar 140bpm.

- Realizar exercícios de 50 a 70% do VO_2 máx. com duração aproximada de 40 minutos.

- Exercícios extenuantes e resistidos devem ser evitados. Algumas gestantes podem sofrer de intolerância ao calor e, ao final de uma atividade de mínimo esforço, queixar-se de fadiga.

- A temperatura corporal materna não deverá ultrapassar 38,5°C.

- Usar roupas adequadas e beber bastante líquido.

- Evitar exercícios em ambientes quentes e úmidos.

- Não objetivar condicionamento físico durante a gravidez.

- Realizar exercícios que ofereçam inclinação pélvica posterior. Esse posicionamento favorece o controle e a força da musculatura pélvica, assim como a propriocepção da postura e da estabilidade pélvica, alivia a dor e a fadiga da região lombossacra.

- O programa dos exercícios deve progredir gradualmente quanto ao número de séries e variações.

- A posição do corpo também influencia as alterações hemodinâmicas. À medida que a gravidez progride, a Síndrome Hipotensiva Supina (SHS) ou da veia cava inferior pode manifestar-se quando é assumida a posição de decúbito dorsal. Para evitar este fato, indica-se alterações posicionais na realização do programa. Não é aconselhável a gestante ficar muito tempo em uma mesma posição: seja ela em pé, sentada ou em decúbito.

- Até 60% das mulheres podem experimentar sintomas em algum momento durante a gravidez, porém a incidência de SHS verdadeira é de aproximadamente 8%, com o risco sendo máximo durante a 38ª semana de gestação (Hall e Brody, 1999).

- Exercícios para os pés e tornozelos (dorso-flexão, flexão-plantar e circundução), devem ser realizados. Eles ajudam a minimizar o edema e as câimbras musculares, já que favorecem a melhora da estabilidade da articulação.

É importante que os exercícios sejam feitos sob orientação e aprovação médica, principalmente. No caso de gestantes diabéticas, quando acompanhadas por um programa de exercícios adequado atendendo às necessidades e possibilidades da mesma, torna-se benéfica a realização dos exercícios. No entanto, elas não devem participar de exercícios extenuantes prolongados. Esses podem induzir a hipoglicemia (baixos níveis sanguíneos de glicose). A hipoglicemia pode manifestar-se em mulheres cujos corpos não conseguem ajustar-se às maiores demandas de glicose do feto, com ou sem exercícios (Hall e Brodt, 1999).

Quadro 2.1 Contra-indicações

Contra-indicações relativas	Contra-indicações absolutas
nenhuma assistência pré-natal; doenças cardíacas; insuficiência cardíaca; doença infecciosa; risco de parto prematuro; sangramento ou membrana rompida; hipertensão grave; retardo no crescimento intrauterino; pré-eclâmpsia ou toxemia (hipertensão com proteinúria e edema).	hipertensão; anemia e outras desordens sangüíneas; doença da tiróide; história de vida sedentária; baixo peso materno; obesidade excessiva; diabete; contrações uterinas que duram várias horas após o exercício; superaquecimento; gestação múltipla; doença vascular periférica; hipoglicemia; arritmias cardíacas ou complicações; dor de qualquer tipo com o exercício; condições musculoesqueléticas; medicação que altera o metabolismo ou a capacidade cardiopulmonar da mãe; fumo, álcool, drogas ilícitas e consumo excessivo de cafeína.

Dados das referências: Hall, Broby; Matsudo.

Parece que os níveis de glicose são mantidos em patamares mais estáveis durante o exercício leve e moderado na gravidez (Matsudo, 1999).

A gestante diabética deverá ter monitorização minuciosa dos níveis de glicose, associada a terapia insulínica, se necessário.

A mais alta prevalência de Diabetes Melito Gestacional ocorre com 24 a 28 semanas de gestação (Hall e Brody, 1999).

CONSIDERAÇÕES SOBRE O PROGRAMA

Em geral, as mulheres atletas e as pessoas que se exercitam costumam ter menos complicações relacionadas à gravidez e ao parto do que as mulheres sedentárias. Isso pode significar, entre outras coisas, um período de trabalho de parto mais curto, menor ganho de peso corporal e de incidência de partos por cesariana, além de menor índice de abortos espontâneos e desconforto percebido no final da gestação (Foss e Keteyin, 2000).

O certo é que cada gestante tem uma adaptação diferenciada nas questões fisiológicas no decorrer do período gestacional. Sendo assim, o profissional deverá considerar os fatores idade, nível de aptidão, alterações da gravidez e estado de saúde da grávida para elaborar um programa de exercícios terapêuticos específico para as necessidades e possibilidades da mesma.

Quando a prática dos exercícios se torna regular, o organismo se adapta às alterações e favorece a normalização das funções do organismo. Equilibra a freqüência cardíaca em relação à pressão arterial em repouso e no esforço submáximo, encontrando valores basais mais adequados em relação à freqüência cardíaca e pressão arterial. Para a gestante sedentária, ao iniciar um programa de exercícios deve começar com níveis baixos de intensidade, aumentando-os gradativamente.

Considerando o avanço da gestação, a grávida aumenta o peso corporal. Sendo assim, necessitará de mais oxigênio para a realização dos exercícios e pode atingir com facilidade sua capacidade máxima com exercícios de menor intensidade.

As mulheres que participam de um exercício ativo durante a gravidez exibem um menor número de desconfortos comuns associados à gravidez, como tumefação (edema), cãibra nas pernas, fadiga e falta de ar. Alguns estudos mostram uma redução na duração do trabalho de parto e na incidência de complicações obstétricas durante o período de expulsão associadas com o exercício materno (Hall e Brody, 2001).

Exercícios para favorecer a circulação dos membros inferiores devem ser oportunizados. Dorsiflexão do tornozelo e a flexão plantar, bem como o movimento de circundução são bastante eficazes na prevenção das cãibras e alívio das mesmas.

Orientar a gestante para evitar longos períodos na posição sentada nas AVDs. Alterar a posição do corpo (em pé, decúbito lateral, sentada) sempre que possível, evitando assim, sobrecarga nas articulações.

O que é incontestável é o fato de que, fisicamente adaptadas, as mulheres que praticam atividades físicas se recuperam mais rapidamente depois do parto do que aquelas que passaram uma gravidez menos ativa e são fisicamente inaptas (Polden e Mantle, 2000). E com relação ao feto, pode-se dizer que o condicionamento aeróbico moderado durante a gestação saudável não afeta as características antropométricas (peso, altura, adiposidade e circunferências) (Matsudo, 1999).

A escolha das atividades a serem praticadas durante a gravidez é muito importante. A gestante não deve ser motivada a participar de atividades competitivas que envolvam risco de traumas abdominais e queda. Podem participar de atividades coletivas, no entanto, "coletivas para gestantes". De qualquer maneira, é importante que ela participe, pelo menos, de uma aula individual, para que o profissional possa trabalhar as necessidades motoras da gestante e compensar os desequilíbrios musculoesqueléticos inerentes a gestação que, com certeza, na maioria das vezes, difere de uma gestante a outra.

Elaboração do programa

- Aprovação médica.

- 2 a 3 vezes por semana.

- No máximo três gestantes por grupo. Cada gestante deve possuir sua ficha de exercícios. O Educador Físico deverá fazer as anotações necessárias para controle do programa.

- Cada mês da gestação deverá ter o seu programa adaptado àquele período.

- Todo programa deverá conter aquecimento, treino e relaxamento. Evitar fase anaeróbica.

- Os exercícios devem ser acompanhados pelo Educador Físico.

- Sua freqüência cardíaca deve ser aferida ao final dos exercícios e após o relaxamento.

- Promover conscientização corporal para favorecer a postura.

- Movimentos que ofereçam impacto às articulações – salto ou saltitos devem ser evitados.

- Quando a gestante participar de uma atividade mais intensa, não estender por mais de 15 minutos, principalmente em dias quentes e úmidos. Evitar o aumento da temperatura corporal.

- A gestante deve manter-se hidratada na prática dos exercícios e após. O Educador Físico deve estar atento para os sinais de desidratação.

- A intensidade e freqüência dos exercícios devem ser controladas pela gestante, assim como as limitações funcionais descritas por ela, prevenindo assim, a exaustão e a fadiga.

- O local para as aulas deve ser arejado, iluminado e com solo adequado (sem desníveis e antiderrapante).

Fatores de risco

- Pode ocorrer trauma musculoesquelético decorrente do afrouxamento do tecido conjuntivo e por estresse mecânico repetitivo.

- Relaxamento dos ligamentos.

- Lordose aumentada, pré-disposição à dor lombar e ciática.

- A gestante pode apresentar alterações na percepção e diminuição da função cognitiva, complicações cardiovasculares.

- Aumento da hipoglicemia, os níveis de glicemia

podem baixar rapidamente (cetose).

- Dispnéia na realização dos exercícios.

- Hiperventilação.

- Alterações do equilíbrio.

Benefícios

A participação da mulher em programas de exercícios no período gestacional traz significativos benefícios:

- Melhor controle do peso corporal.

- Menor incremento da adiposidade.

- Ajuda no controle da pressão arterial.

- Diminuição do risco de complicações pelo diabetes.

- Ajuda na prevenção de varizes.

- Melhora a postura e força muscular.

- Diminuição da lombalgia.

- Manutenção ou melhora na aptidão física.

- Melhora na auto-estima.

- Facilidade na recuperação (Matsudo, 1999).

- Apresentam maior tolerância a dor do parto (Ghorayeb e Barros, 1999)

- Preservação ou aumento das capacidades metabólicas e cardiopulmonares maternas.

- Maior resistência ao trabalho de parto.

- Melhora a resistência a força dos músculos do assoalho pélvico.

Obs.: Nunca é demais enfatizar a importância da força dos músculos do assoalho pélvico, pois esses músculos afetam a função visceral, intestinal e sexual, e, além de proporcionarem apoio, sua natureza é esfincteriana. Eles desempenham um papel importante na sustentação dos órgãos internos (por exemplo, reto, vagina, útero), por prevenirem o deslocamento para baixo (isto é, prolapso ou relaxamento pélvico) (Hall e Brody, 2001). A disfunção no pós-parto pode manifestar a incontinência urinária ou fecal, desalinhamento das articulações pélvicas e sintomatologias dolorosas.

Outros benefícios:

- Recuperação mais rápida após o parto.

- Prevenção da lesão e proteção do tecido conjuntivo, que pode sofrer frouxidão.

- Prevenção das diástase dos retos.

- Prevenção da incontinência urinária.

- Redução da depressão pós-parto.

- Menor risco de estase venosa, de trombose venosa.

profunda, de veias varicosas, de edema e de cãibras nas pernas.

- Menor risco de perda óssea devida aos altos níveis circundantes de estrogênio (Hall e Brody, 1999).

PROGRAMA PRÉ-PARTO

Exercícios respiratórios

Durante o exercício, a ventilação alveolar da gestante pode aumentar de dez a vinte vezes, dependendo da intensidade da atividade. Este fator ocorre pela necessidade do organismo em suprir o oxigênio adicional e excretar o dióxido de carbono produzido em maior quantidade. O excesso de dióxido de carbono pode provocar a hiperventilação na tentativa de eliminar o excesso e equilibrar os níveis ideais. Stradling (1984) afirma que durante o parto há um aumento considerável nas necessidades de ventilação alveolar, e ela é, em geral, dobrada ou quadriplicada. Portanto, conclui-se que a respiração profunda e lenta será mais benéfica para a mãe e para o feto durante o parto, e que as técnicas que determinam um rápido aumento da taxa respiratória e uma redução na profundidade interferem com a fisiologia natural da respiração e troca gasosa (Polden e Mantle, 2000).

Para reduzir o sintoma de hiperventilação, oriente a gestante para respirar em um saco de papel e mantenha a respiração lentamente. Recebemos mais oxigênio quando respiramos lenta e profundamente. Quanto mais profundamente conseguimos expirar, maior relaxamento e alívio das tensões teremos.

Polden e Mantle (2000) descrevem os efeitos da hiperventilação:

Sinais e sintomas: tonturas, sensação de estar bêbado, eventual inconsciência. **Causa:** Hipoxia cerebral (diminuição da oxigenação cerebral), devido à constrição dos vasos cerebrais e menor pressão sanguínea.

Sinais e sintomas: Entorpecimento e formigamento nos lábios e extremidades; parestesia e espasmo muscular. **Causa:** Mudanças no cálcio ionizado, causadas por alcalose que afetam a condução nervosa.

Sinais e sintomas: Palidez, suores, sensação de pânico e ansiedade. **Causa:** Possivelmente devido à anoxia cerebral.

Várias são as técnicas respiratórias que podem ser praticadas para preparar a mamãe para o momento do parto.

a) Respiração torácica profunda
Expande o tórax na sua porção superior. Esse é o padrão respiratório típico ao final da gestação.
Deve-se praticá-la com pouca intensidade. É usada para conscientizar os padrões respiratórios da gestante.
Técnica: Inspirar pelo nariz, lenta e profundamente, procurando expandir somente o tórax (o diafragma movimenta-se).
Expirar lentamente e prolongar ao máximo.

Expirar suavemente pela boca como se estivesse apagando uma vela. **Figura 2.3**

Figura 2.3

b) Respiração abdominal
Expande o tórax na sua porção inferior. Pode favorecer, com o rebaixamento diafragmático, prisões de ventre e estímulo das funções renais e intestinais. Favorece também o relaxamento.
Padrão respiratório que deverá ser adotado regu-

larmente, principalmente em período de trabalho de parto, relaxando a gestante e melhorando sua oxigenação sangüínea.

Técnica: Inspirar pelo nariz lenta e profundamente, procurando dilatar o abdômen. Expirar pela boca como se estivesse apagando uma vela, sentindo o movimento somente na região abdominal, e não na torácica. Treinar a inspiração e a expiração em até 30 segundos para cada fase. **Figura 2.4**

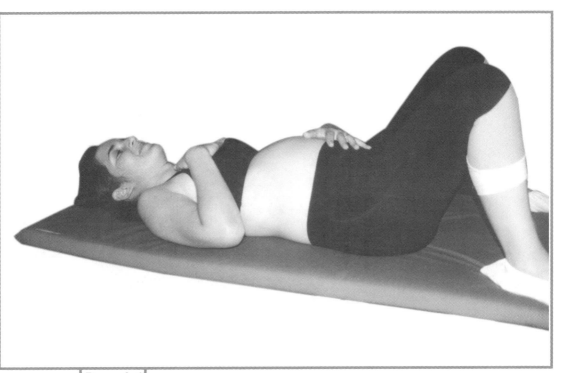

Figura 2.4

c) Respiração de bloqueio

O treinamento desta técnica durante a gestação só deverá ser iniciado após o começo do 4º mês e interrompida quando houver possíveis dilatações precoces do colo do útero e contrações uterinas esporádicas. E no início do 9º mês.

Técnica: Inspirar profundamente com respiração abdominal. Flexionar o pescoço, aproximando-o do peitoral. Expirar e contrair o abdômen, pressionando o diafragma para baixo, como se estivesse fazendo o ar sair via vaginal. Com isso, o diafragma e a pinça abdominal irão auxiliar o período expulsivo. **Figura 2.5**

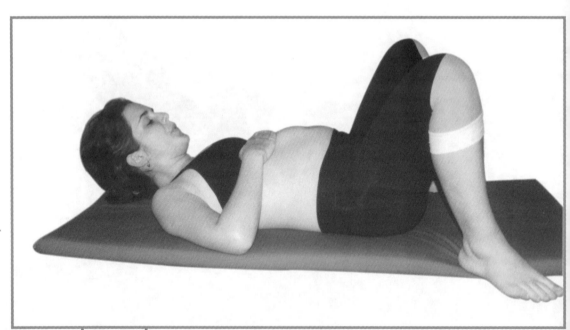

Figura 2.5

Exercícios em pé

Os exercícios em pé não são contra-indicados em sua maioria. No entanto, a postura prolongada e estática pode bloquear a veia cava inferior e as veias pélvicas, reduzindo o débito cardíaco, elevando a pressão venosa e provocando inchaço nas extremidades dos MMII. Vale ressaltar a importância da alteração dos posicionamentos na realização dos exercícios.

1) Em pé, cabeça no prolongamento do tronco, pernas afastadas, joelhos semi-flexionados. Mãos apoiadas no bastão. Realizar flexão e extensão dos joelhos alternadamente. Efetuar 2 séries de 10 repetições. **Figura 2.6**

2) Em pé, em frente ao espaldar, tronco ereto, joelhos estendidos, perna esquerda apoiada no espaldar. Mãos segurando no espaldar mantendo o tronco ereto. Permanecer nesta

Figura 2.6

posição por 1 minuto e alternar o MI (Membro Inferior). **Figura 2.7**

3) Em pé, em frente ao espaldar, tronco

Figura 2.7

Figura 2.8

ereto, joelho direito flexionado, pé apoiado no espaldar e a perna esquerda (de apoio) com o joelho flexionado. Mãos segurando no espaldar, servindo de apoio. Fazer a extensão dos joelhos simultaneamente, voltando à posição inicial. Realizar este movimento 10 vezes e alternar o MI de apoio. **Figura 2.8**

Exercícios em decúbito dorsal

Como descrito acima, a SHS (Síndrome da Hipontensão Supina) pode ocorrer nas gestantes ao longo deste período, no entanto a incidência verdadeira é de 8%, tendo um período de risco maior na 38º semana. Neste período podemos eliminar definitivamente do programa os exercícios em decúbito dorsal. Haja vista que, em nosso trabalho com gestante ao longo de 15 anos, nunca tivemos ocorrência de SHS. A importância das alterações da postura na realização dos exercícios apresenta uma segurança significativa contra a síndrome.

A mudança da posição deitada para a posição ereta deve ser feita com cautela para evitar os sintomas de hipotensão ortostática.

1) Decúbito dorsal, joelhos flexionados e planta dos pés apoiadas no solo. Realizar a látero-flexão da cervical e em seguida a rotação. A mão esquerda apoiada na cabeça e o braço direito estendido ao longo do corpo com a palma da mão voltada para cima. **Figura 2.9 a e b.**

Figura 2.9a

Figura 2.9b

2) Decúbito dorsal, braço ao longo do corpo com a palma das mãos voltadas para baixo. Joelho direito flexionado e pé direito apoiado no *physioroll* (45cm). O MI esquerdo estendido com o pé em dorso-flexão, também apoiado no *physio-roll*. Realizar a flexão do quadril com o joelho estendido. Efetuar 2 séries de 10 repetições e alternar o lado. **Figura 2.10**

Figura 2.10

3) Decúbito dorsal, braços ao longo do corpo com a palma das mãos voltadas para baixo. Joelho direito flexionado e pé direito apoiado no *physio-roll* (45cm). O MI esquerdo estendido com o pé em dorso flexão, também apoiado no *physio-roll*. Realizar a flexão do quadril, flexionando simultaneamente o joelho. Realizar 2 séries de 10 repetições e alternar o lado. **Figura 2.11**

Figura 2.11

4) Decúbito dorsal, joelho direito flexionado com a planta do pé apoiada no solo. O MI elevado (flexão do quadril) e joelho estendido, pé em dorso flexão. Mãos segurando a faixa elástica, mantendo os cotovelos flexionados e apoiados no solo. Manter este posicionamento por 1 minuto e alternar o lado. **Figura 2.12**

Figura 2.12

5) Decúbito dorsal, braços ao longo do corpo e palma das mãos voltadas para baixo. Joelhos estendidos e panturrilhas apoiadas na bola (65cm). Realizar a dorso flexão e a flexão plantar. Realizar 2 séries de 15 repetições. **Figura 2.13**

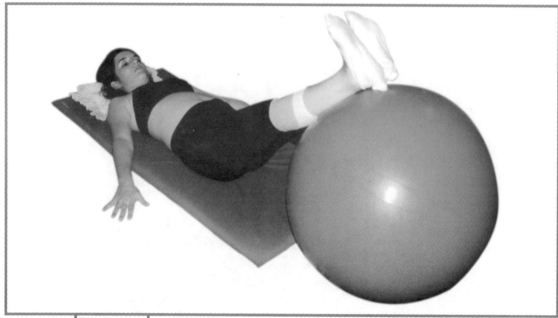

Figura 2.13

6) Decúbito dorsal, braços ao longo do corpo, palma das mãos voltadas para baixo. Joelhos estendidos, planta dos pés apoiados na bola (45cm). Realizar a flexão e extensão dos joelhos, 2 séries de 12 repetições.
Variação: Este exercício também pode ser realizado com o apoio do *physio-roll* (45cm). **Figura 2.14**

Figura 2.14

7) Decúbito dorsal, joelhos flexionados e planta dos pés apoiadas no solo. Realizar a adução e a abdução dos ombros. Manter os cotovelos estendidos. Efetuar 2 séries de 10 repetições.
Figura 2.15

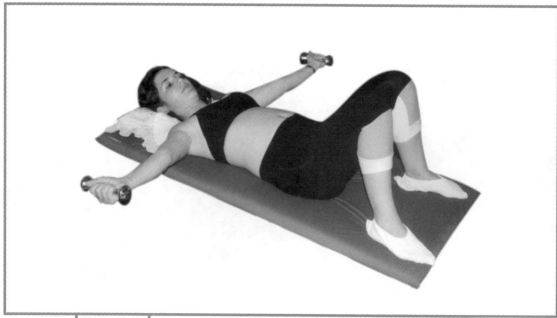
Figura 2.15

8) Decúbito dorsal, joelhos flexionados, planta dos pés apoiadas no solo. Realizar a flexão dos ombros, segurando o halter de 1kg nas mãos, com movimento simultâneo. Efetuar 2 séries de 10 repetições. **Figura 2.16**

Figura 2.16

9) Decúbito dorsal, joelhos flexionados, planta dos pés apoiadas no solo. Realizar a flexão e a extensão do cúbito, segurando a faixa elástica. Fazer 2 séries de 10 repetições. Alternar o MS (Membro Superior). **Figura 2.17**

Figura 2.17

10) Decúbito dorsal, joelho direito flexionado, com a planta do pé apoiada no solo e joelho esquerdo também flexionado com a mão esquerda segurando o pé em dorso-flexão. O braço direito encontra-se estendido ao longo do corpo com a palma da mão voltada para cima. Permanecer nesta posição por 1 minuto e alternar. **Figura 2.18**

Figura 2.18

11) Decúbito dorsal, joelhos flexionados e planta dos pés apoiadas no solo. Inclinar a cabeça para a esquerda. O braço esquerdo fica estendido ao longo do corpo, com a palma da mão voltada para cima e a mão direita sob a lordose lombar. Realizar a circundução do ombro direito. Repetir este movimento 10 vezes e alternar o lado.
Figura 2.19

Figura 2.19

12) Decúbito dorsal, braços ao longo do corpo com a palma das mãos para baixo. MMII estendidos e unidos, pés apoiados na bola (45cm). Realizar a flexão e extensão dos joelhos com a abdução do quadril simultaneamente. Repetir este movimento em 2 séries de 12 repetições.
Figura 2.20

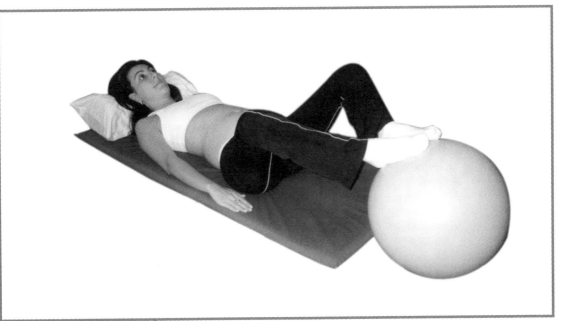
Figura 2.20

13) Decúbito dorsal, joelho esquerdo flexionado com a planta do pé apoiada no solo. Joelho direito estendido e pé em dorso flexão, apoiando a faixa elástica. Realizar a abdução do quadril com auxílio da faixa elástica. Repetir o movimento 10 vezes e alternar o MI. **Figura 2.21**

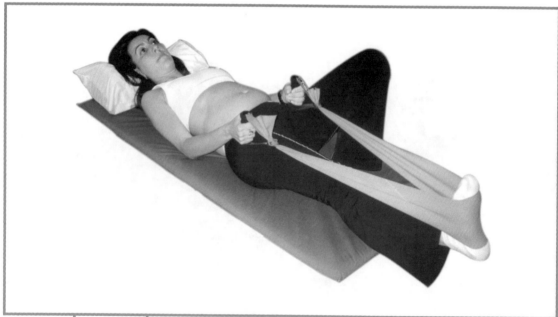

Figura 2.21

14) Decúbito dorsal, joelho esquerdo flexionado com a planta do pé apoiada no solo. Joelho direito estendido e pé em dorso flexão, apoiando a faixa elástica. Realizar a flexão do quadril com o joelho estendido. Repetir o movimento 10 vezes e alternar o lado. **Figura 2.22**

Figura 2.22

15) Decúbito dorsal, joelho esquerdo flexionado com a planta do pé apoiada no solo. Joelho direito estendido e pé em dorso flexão, apoiando a faixa elástica. Realizar a flexão do quadril, flexionando o joelho simultaneamente. Repetir o movimento 10 vezes e alternar o lado. **Figura 2.23**

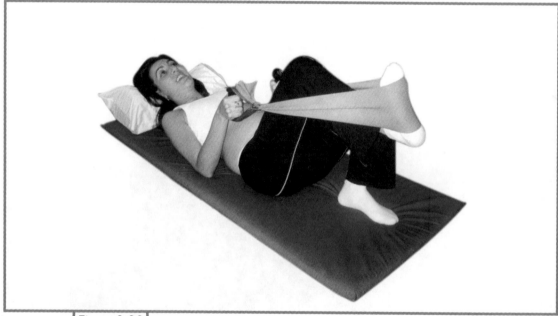

Figura 2.23

16) Decúbito dorsal, joelhos flexionados, palma das mãos tocando o solo e os pés afastados. Realizar a contração do músculo períneo e relaxar. Repetir este movimento em 3 séries de 10 repetições. **Figura 2.24**

Figura 2.24

17) Decúbito dorsal, palma das mãos apoiadas no solo e pés apoiados na bola (45cm). Realizar o balanço dos MMII simultaneamente para a direita e para a esquerda. Pode ser feito duas séries de 1 minuto. **Figura 2.25**

Figura 2.25

Exercícios em decúbito lateral

1) Decúbito lateral, realizar flexão e extensão de joelhos com a borda medial do pé em dorso-flexão, apoiada na bola (65cm). Realizar 2 séries de 10 repetições. **Figura 2.26**

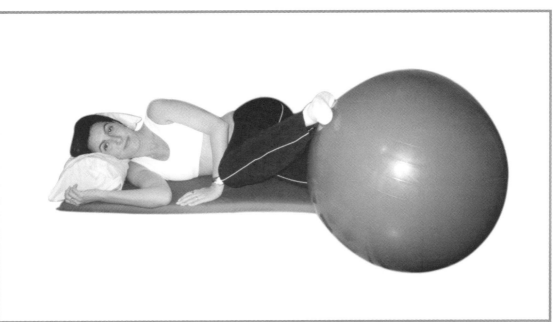

Figura 2.26

2) Decúbito lateral, realizar a adução e abdução de quadril com a borda medial do pé em dorso-flexão, apoiada na bola (65cm). Realizar 2 séries de 10 repetições. **Figura 2.27**

Figura 2.27

Exercícios sentada – cadeira

1) Sentada na cadeira, tronco ereto e apoiado no encosto da cadeira. Dorso da mão esquerda apoiado na lordose lombar. Inclinar a cabeça para a direita e realizar a circundução do ombro esquerdo. Repetir este movimento por 1 minuto e alternar o lado. **Figura 2.28**

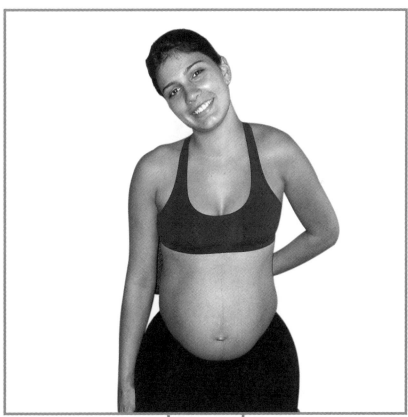

Figura 2.28

2) Sentada na cadeira, tronco ereto e apoiado no encosto da cadeira. Inclinar a cabeça para a direita e a rotação simultaneamente. Realizar este movimento lentamente. Permanecer por alguns segundos na posição. Repetir para o outro lado.
Figura 2.29

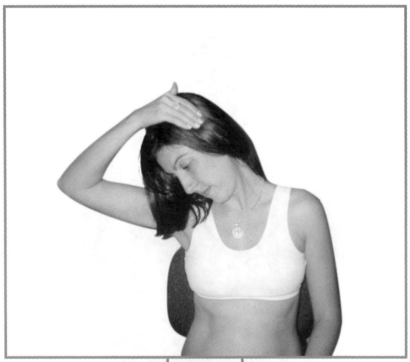

Figura 2.29

3) Sentada na cadeira, tronco ereto, mãos segurando o bastão apoiado no dorso. Elevar o bastão e voltar à posição inicial, estendendo e flexionando o cotovelo. Realizar o movimento em 2 séries de 10 repetições. **Figura 2.30**

Figura 2.30

4) Sentada na cadeira, tronco ereto, segurar o bastão apoiado no dorso. Manter esta posição por 2 minutos e relaxar. Manter o alinhamento do tronco e da cabeça. **Figura 2.31**

Figura 2.31

5) Sentada na cadeira, tronco ereto, segurar o bastão apoiado no dorso. Realizar latero-flexão do tronco para a direita e para a esquerda. Efetuar 2 séries de 10 repetições. **Figura 2.32**

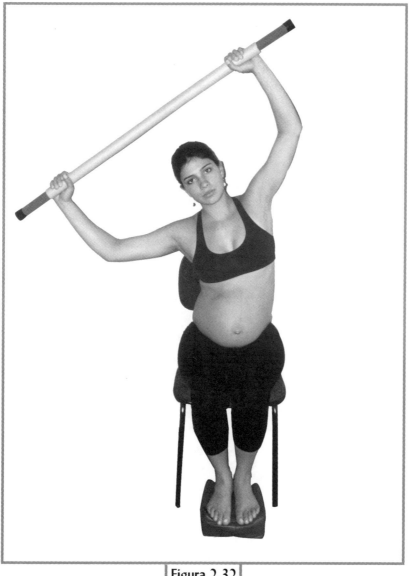

Figura 2.32

6) Sentada na cadeira, joelhos flexionados, tronco ereto, apoiando a faixa elástica no pé direito em dorso-flexão. Realizar a extensão do joelho e voltar à posição inicial. Realizar o movimento em 2 séries de 10 repetições, e após alternar o MI. **Figura 2.33**

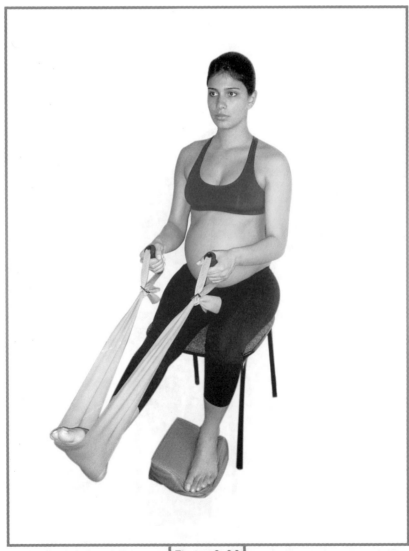

Figura 2.33

7) Sentada na cadeira, tronco ereto, pés apoiados no *physio-roll* (45cm) com os joelhos em flexão. Realizar a extensão do joelho e voltar à posição inicial. Realizar 2 séries de 10 repetições. **Figura 2.34**

Figura 2.34

8) Sentada, com as costas apoiadas na cadeira, joelhos flexionados e, se necessário, colocar um apoio sob os pés. Segurar uma barra pequena com anilhas de ½ kg. Realizar a flexão e a extensão dos cotovelos – 2 séries de 10 repetições.
Figura 2.35

Figura 2.35

9) Sentada, com as costas apoiadas na cadeira, joelhos flexionados e se necessário, colocar um apoio sob os pés. Elevar os braços, segurando a barra (anilhas de ½ kg) e mantê-los estendidos no prolongamento do tronco. Realizar a flexão e a extensão do cúbito, levando as mãos para trás da cabeça. Repetir 2 séries de 10 repetições. **Figura 2.36**

Figura 2.36

10) Sentada, com as costas apoiadas na cadeira, o pé esquerdo sobre a bola (45cm). Realizar a adução e a abdução do quadril. Repetir o movimento com a perna direita. Realizar 2 séries de 15 repetições. **Figura 2.37**

Figura 2.37

11) Sentada, com as costas apoiadas na cadeira, os braços elevados acima da cabeça, cotovelos semi-flexionados. Segurar a faixa elástica com tensão moderada. Realizar a adução e a abdução dos ombros, trazendo a faixa elástica para frente do tronco e voltando à posição inicial. Realizar 2 séries de 10 repetições. **Figura 2.38**

Figura 2.38

3. Exercícios Pós-Parto

O nascimento do bebê é o momento especial e esperado com muita ansiedade e alegria pela mamãe. Esta fase, chamada puerpério (do nascimento até seis semanas), é um período de adaptação para a família. A rotina da casa se altera e as emoções também.

A intensidade das emoções estará diretamente relacionada com a maior ou menor facilidade de adaptação da mãe ao bebê e a nova situação. Devemos considerar as modificações bioquímicas ocorridas durante o parto, o tempo e a expectativa da espera e vivências anteriores. Todos estes fatores interferem no emocional da mamãe.

O puerpério (pós-parto) é o período que tem início após o parto e termina quando a fisiologia materna volta ao estado anterior, ou seja, aproximadamente seis semanas depois (Ziegel e Cranlet, 1986). Pode ser composto por duas fases: dois a cinco dias após o nascimento – período que a mãe permanece no hospital – e o período que vai para casa e retoma gradualmente as atividades de rotina – social, lazer e de trabalho.

Quadro 3.1 Fatores que influenciam o relacionamento Mãe-Filho, segundo Ziegel e Cranlet (1986)

Características Pessoais	Fatores Precedentes ao Parto	Fatores durante o Parto	Fatores Pós-Parto
Relacionamento da mãe com os próprios pais. Experiências prévias com crianças. Passado étnico e cultural. Nível de desenvolvimento e idade.	Concepção planejada. Aceitação da gravidez como acontecimento positivo. Apoio recebido da família e dos amigos. Saúde durante a gravidez.	Grau de participação ativa durante o trabalho de parto. Quantidade de analgesia e anestesia que recebeu. Tipo de parto: vaginal ou cesáreo. Pessoas presentes para dar apoio.	Saúde e resposta da criança. Saúde da mãe. Tempo para dar início ao contato entre a mãe e a criança. Oportunidade para dar continuidade a este contato e ao cuidado com a criança. O apoio significativo de outros. Táticas dos profissionais em dar instruções, consultas e apoio.

Algumas mamães podem apresentar um quadro de depressão puerperal (diferente de depressão pós-parto, que deve ser tratada). A depressão puerperal ocorre tanto nas mães de "primeira viagem" quanto em mães que já possuem outros filhos, atingindo um percentual de 70 a 90%. Apresentam-se mudanças de atitudes – choro, irritação, fragilidade – de forma intermitente e podem durar alguns dias após o nascimento.

É um período de apoio da família, do "maridão", mas é um período transitório, que se normaliza brevemente. Algumas vezes, o pai também sentirá alterações na emoção no período puerperal, sentindo-se excluído da relação mãe-bebê.

Após esta fase e liberação do médico, a mamãe deve voltar aos exercícios e readaptar o corpo ao novo período, agora com menos peso e sem a ação dos hormônios do período gestacional. A escolha das atividades dependerá da preferência e disponibilidade da mamãe. No entanto, devem ser atividades moderadas, que não ofereçam risco a saúde e tenham objetivos de recuperação e adaptação.

Os exercícios neste período visam a recuperação do assoalho pélvico, responsável por sustentar o peso da região abdominal e extra pélvico (bebê, útero, placenta e líqüido aminiótico), durante todo o período gestacional. Segundo Hall e Brody (2001), as contrações do assoalho pélvico e abdominais podem ser iniciadas nas primeiras 24 horas após o parto, para restaurar o tônus. Pernas, tornozelos, coluna, músculos abdominais enfim, todo o corpo necessita de cuidados diferenciados.

Os exercícios relacionados abaixo estarão auxiliando a mãe em seu período pós-parto, na manutenção dos músculos da coluna, trapézio, escapulares, peitorais, abdominais, assoalho pélvico e membros inferiores. A mamãe precisa estar com os músculos " em forma" para amamentar o bebê, realizar os cuidados necessários e locomover-se para as atividades necessárias de uma "nova mamãe".

Os exercícios da série pré-parto podem ser realizados. No entanto, os exercícios devem ser aplicados sempre respeitando as necessidades e possibilidades da praticante.

Até mesmo quando uma diástase dos retos não esteve presente durante a gravidez, uma separação poderia ter se instalado durante o segundo estágio do trabalho de parto. Uma diástase nem sempre regride espontaneamente após o parto e pode persistir na fase pós-parto. Ela deve ser avaliada e reduzida antes de se iniciar o fortalecimento abdominal progressivo (Hall e Brody, 2001).

Exercícios

1) Sentada com os joelhos flexionados as pernas cruzadas, tronco ereto e abdome contraído. Segurar a faixa elástica, mantendo os cotovelos flexionados. Segurar a faixa com tensão moderada posicionada na direção da nuca. Manter este posicionamento por alguns segundos e repetir a seqüência 5 vezes. **Figura 3.1**

2) Sentada, joelhos flexionados e pernas cruzadas. Tronco ereto e abdome contraído. Segurar o bastão verticalmente ao tronco. Manter este posicionamento de 1 a 2 minutos. **Figura 3.2**

Érica Verderi

Figura 3.1

Figura 3.2

3) Sentada, joelhos flexionados e pernas cruzadas. Tronco ereto e abdome contraído. Segurar o bastão na posição horizontal, posicionado-o na região posterior do tronco e abaixo da linha dos ombros. Manter este posicionamento de 1 a 2 minutos. **Figura 3.3**

Figura 3.3

4) Decúbito dorsal, braços estendidos e abduzidos no prolongamento do tronco e a palma das mãos virada para baixo. Planta dos pés unidas e apoiadas sobre a bola (45cm). Realizar a adução e a abdução do quadril. Efetuar 2 séries de 10 repetições. **Figura 3.4**

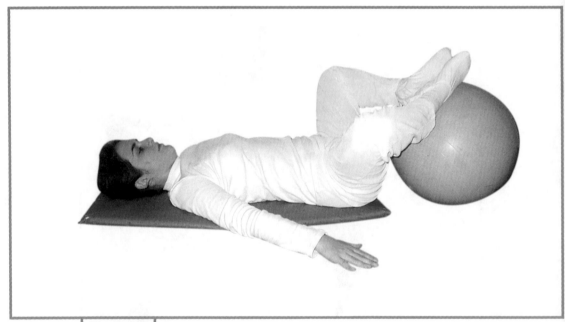

Figura 3.4

5) Decúbito dorsal, braços estendidos e abduzidos no prolongamento do tronco e palma das mãos virada para baixo. Pés apoiados na bola (65cm), joelhos unidos e flexionados. Realizar a rotação do quadril para a direita e para a esquerda, sem elevar as escápulas do solo. Realizar 2 séries de 10 repetições. **Figura 3.5**

Figura 3.5

6) Decúbito dorsal, mãos apoiadas atrás da cabeça, pé direito apoiado na bola (65cm) e joelho direito estendido. O joelho esquerdo estará sem nenhum apoio e flexionado. Realizar a extensão do joelho esquerdo, alternando com a flexão do direito sem perder o contato com a bola. Realizar pequena elevação do tronco simultaneamente com o movimento dos MMII. Efetuar 2 séries de 12 repetições com cada membro. **Figura 3.6**

Figura 3.6

7) Sentada, coluna ereta, abdômen contraído, joelhos estendidos e pés em dorso flexão. Segurar a faixa elástica que estará sob a planta dos pés. Permanecer nesta posição por 1 a 2 minuto.
Figura 3.7

Figura 3.7

8) Decúbito dorsal, braços estendidos ao longo do corpo e palma das mãos voltadas para baixo. Apoiar a planta dos pés sobre a bola (65cm). Elevar o quadril e voltar à posição inicial. Realizar 2 séries de 10 repetições. **Figura 3.8**

Figura 3.8

PROGRAMA BABY

Vossos filhos não são vossos filhos.
São os filhos e as filhas da ânsia da vida por si mesma.
Vêm através de vós, mas não de vós.
E, embora vivam convosco, não vos pertencem.
Podeis outorgar-lhes vosso amor,
mas não vossos pensamentos.
Porque eles têm seus próprios pensamentos.
Podeis abrigar seus corpos, mas
não suas almas.
Pois suas almas moram na mansão
do amanhã, que vós não podeis visitar
nem mesmo em sonho...
Gibran Khalil Gibran

O Programa Baby é muito importante para a mamãe e para o bebê. É um momento em que a mãe terá um contato diferente com o seu bebê em relação ao corpo e às possibilidades de movimentação. Ao mesmo tempo em que ela estará recebendo benefícios para seu corpo, como alongamento, mobilidade e fortalecimento das musculaturas, estará propiciando ao bebê um momento lúdico e de experimentação ao movimento, equilíbrio, estimulação motora e propriocepção.

Por outro lado, o bebê recebe este momento como a oportunidade de brincar com a mamãe. Segundo Oliveira (2001), o brincar da criança do nascimento aos seis anos tem uma significação especial para a psicologia do desenvolvimento e suas múltiplas ramificações. É a condição de todo o processo evolutivo neuropsicológico saudável que se alicerça neste começo; introduz a criança de forma gradativa, prazerosa e eficiente ao universo sócio-histórico-cultural, favorecendo a construção da reflexão, da autonomia e da criatividade.

Na realização dos exercícios e no contato do corpo, no toque promovemos o estímulo da íntima interligação do corpo da mãe com o corpo do bebê, agora exteriorizado.

Oliveira (2001) ainda afirma que aprender a agir, inclusive a brincar, só se dá em contato íntimo e significativo com o outro, que, via de regra, no início da vida é a mãe ou quem a substitua. Não há possibilidade de aprendizagem e, conseqüentemente, de humanização fora do convívio social, e, mais do que isso, sem vivenciar e sentir realmente um vínculo afetivo, estável e confiável, que no começo é muito mais sentido do que manifesto.

Laura e Enzo, Figura 3.9

Figura 3.9

1) Mamãe em decúbito dorsal, segurando o bebê à frente do tronco com as duas mãos. Elevar os braços, estendendo os cotovelos. Permanecer nesta posição por 15 segundos e retornar. Repetir o movimento 5 vezes. **Figura 3.10**

Figura 3.10

2) Mamãe sentada com as pernas em afastamento lateral. Manter a coluna ereta. Bebê sentado a frente e entre as pernas da mamãe, segurando o aparelho. Realizar o movimento de vai e vem com a roda. Repetir o movimento algumas vezes, ou até acabar o interesse do bebê. **Figura 3.11**

Figura 3.11

3) Mamãe em decúbito dorsal, com os joelhos flexionados e flexão do quadril. O bebê em decúbito ventral sobre as pernas da mamãe. Estender e flexionar os joelhos. Repetir o movimento 2 séries de 10 repetições. **Figura 3.12**

Figura 3.12

4) Mamãe sentada no *physio-roll* (45cm), joelhos flexionados, quadril em abdução. Flexão do tronco, cotovelos estendidos, com as mãos, segurando o braço do bebê. O bebê, em decúbito ventral sobre a bola (65cm) à frente da mamãe. A mamãe empurra a bola para frente, alongando os músculos do tronco. Mantém a posição por alguns minutos e volta à posição inicial. Repetir o movimento 10 vezes. **Figura 3.13**

Figura 3.13

5) Mamãe sentada no *physio-roll* (45cm), joelhos flexionados, quadril em abdução. Flexão do tronco, cotovelos estendidos, com as mãos, segurando o braço do bebê. O bebê, em decúbito ventral sobre a bola (65cm) à frente da mamãe. Realizar a flexão e a extensão dos joelhos, promovendo um balanço antero-posterior para o bebê. Realizar 2 séries de 10 repetições. **Figura 3.14**

Figura 3.14

6) Mamãe sentada no *physio-roll* (45cm), joelhos flexionados, quadril em abdução. Flexão do tronco, cotovelos estendidos, com as mãos, segurando o braço do bebê. O bebê, em decúbito ventral sobre a bola (65cm) à frente da mamãe. Realizar a latero-flexão do tronco para a direita e esquerda, promovendo um balanço lateral para o bebê. Realizar 2 séries de 10 repetições. **Figura 3.15**

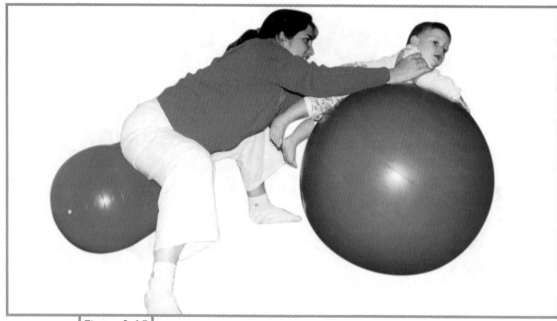

Figura 3.15

7) Mamãe em decúbito dorsal, com o bebê sobre o abdome. Realizar pequena elevação do tronco. Manter o abdome contraído e, na elevação do tronco, expirar. Repetir o movimento 2 séries de 10 repetições. **Figura 3.16**

Figura 3.16

8) Mamãe em decúbito dorsal, joelhos flexionados, flexão do quadril, com o bebê sobre o abdômen. Bebê em decúbito ventral. Realizar a rotação do quadril para a direita e para a esquerda. Repetir 2 séries de 10 repetições. **Figura 3.17**

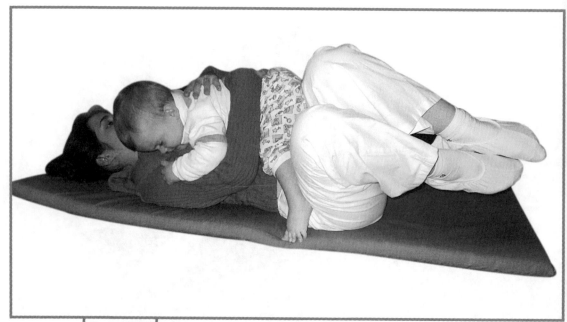

Figura 3.17

9) Mamãe sentada no *physio-roll* (45cm) com as pernas afastadas. Colocar o bebê sentado no *physio-roll* e realizar o movimento de galope. Executar este movimento alguns segundos, podendo repeti-lo várias vezes. **Figura 3.18**

Figura 3.18

Gestante: Elaboração de Programa de Exercícios

10) Mamãe e bebê sentados sobre a bola (65cm). A mamãe realiza o giro da pelve sobre a bola – sentido horário e anti-horário (giro do quadril em 360° para a direita e para a esquerda, alternadamente ou não). Manter tronco ereto e abdome contraído. Realizar o movimento por alguns minutos. **Figura 3.19**

Figura 3.19

Isabela e Laura, Figura 3.20:

Figura 3.20

11) Sentada, pernas cruzadas, tronco ereto, abdômen contraído. Segurar o bebê à frente do tronco, mantendo os cotovelos flexionados. Realizar a flexão e a extensão dos ombros. Repetir este movimento 10 vezes. **Figura 3.21**

Figura 3.21

12) Sentada, pernas cruzadas, tronco ereto, abdômen contraído. Realizar a flexão e a extensão dos cotovelos. Repetir o movimento 10 vezes. **Figura 3.22**

Figura 3.22

13) Sentada, pernas cruzadas, tronco ereto, abdômen contraído. Segurar o bebê à frente da região abdominal e em decúbito dorsal, mantendo os cotovelos flexionados. Realizar uma pequena rotação do tronco para a direita e para a esquerda (como um balanço). Repetir o movimento 10 vezes. **Figura 3.23**

Figura 3.23

14) Sentada, com um travesseiro sobre a planta dos pés unidos, joelhos flexionados, tronco ereto e abdômen contraído. O bebê em decúbito dorsal, a mamãe realizará a flexão do tronco, mantendo a coluna ereta. Permanecer nesta posição por 1 minuto e relaxar. Repetir o movimento 3 vezes. **Figura 3.24**

Figura 3.24

15) Sentada, tronco ereto, joelho esquerdo flexionado e o direito estendido. Realizar a flexão do tronco em direção ao joelho estendido. O bebê, neste exercício, fica em decúbito dorsal, entre as pernas da mamãe. Alternar o lado do exercício. Permanecer em cada posição 1 minuto. Repetir o movimento 3 vezes. **Figura 3.25**

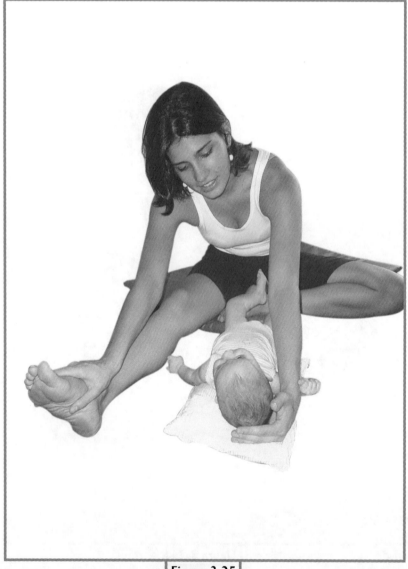

Figura 3.25

16) Decúbito dorsal, flexão dos joelhos e do quadril simultaneamente. O bebê em decúbito ventral sobre o tronco da mamãe. Realizar a flexão e extensão dos joelhos alternadamente. Realizar 10 movimentos e repetir a série 3 vezes. **Figura 3.26**

Figura 3.26

17) Sentada, joelhos flexionados, abdômen contraído, tronco ereto e planta dos pés no solo. O bebê em decúbito dorsal sobre os MMII da mamãe. Realizar a flexão e a extensão do tronco. Realizar 10 movimentos e repetir a série 3 vezes.
Figura 3.27

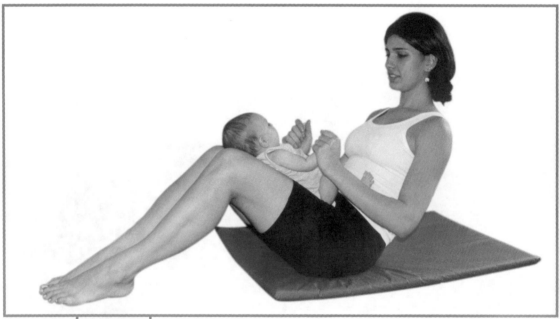

Figura 3.27

18) Decúbito lateral, com o bebê na mesma posição, à frente da mamãe. Realizar a flexão e a extensão do joelho da perna direita em elevação. Realizar 15 movimentos e repetir a série 2 vezes com cada perna. **Figura 3.28**

Figura 3.28

19) Decúbito lateral, com o bebê na mesma posição, à frente da mamãe. Realizar a adução e a abdução do quadril da perna direita. Realizar 15 movimentos e repetir a série 2 vezes com cada perna. **Figura 3.29**

Figura 3.29

20) Bebê em decúbito lateral no solo. Mamãe, flexão dos joelhos, apoiando os glúteos nos MMII. Flexão do tronco e braços estendidos. Permanecer nesta posição por alguns minutos. **Figura 3.30**

Figura 3.30

21) Mamãe e bebê em decúbito lateral. Respiração lenta e profunda. Permanecer nesta posição por alguns minutos. **Figura 3.31**

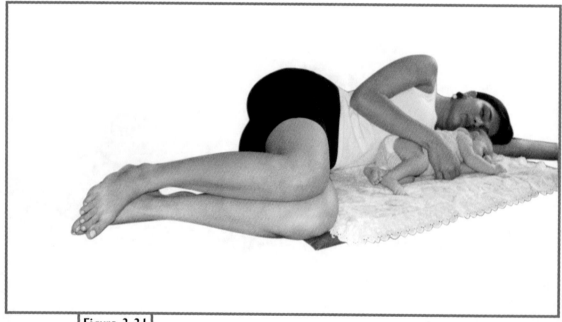

Figura 3.31

4. Sugestão de Formulário para o Programa de Exercícios

ANAMNESE

NOME_____

_____

DATA_____

MÉDICO_____

FONE_____

PESSOA PARA CONTATO EM CASO DE

EMERGÊNCIA_____

_____

FONE_____

PARENTESCO_____

_____

PERÍODO GESTACIONAL _____

_____

Está tomando algum medicamento? Qual?_____

_____

Seu médico sabe que você está iniciando um programa de

atividade física?_____

_____

Qual o tipo de atividade que mais lhe agrada?_____

_____

Responda sim ou não para as próximas perguntas:

4) Você tem algum problema no coração?

S   N

5) Sua pressão arterial apresenta-se normalizada?

S   N

6) Alguma doença crônica?

S N

Qual?_____

7) Dificuldades em fazer exercícios físicos?

S N

8) Restrição de seu médico para alguma atividade física específica?

S N

9) Fez alguma cirurgia nos últimos 12 meses?

S N

Qual? _____

10) Algum problema respiratório?

S N

11) Sente alguma dor nos músculos, articulações ou nas costas?

S N

Onde? _____

12) Tem hérnia de disco ou algum processo degenera tivo na coluna?

S N

Exemplifique: _____

13) Diabetes?

S N

14) Fuma?

S N

15) O colesterol está alterado?

S N

16) É sua primeira gestação?

S N

Quantos filhos?_____

Idade _____

Outras observações

_____

_____

_____

_____

_____

_____

5. Orientações à Gestante

COMO RELAXAR E EXERCITAR O CORPO DURANTE A GRAVIDEZ

1) Para relaxar durante o dia, ou à noite, em decúbito dorsal, coloque um travesseiro embaixo dos joelhos, para que a coluna se apóie totalmente na cama.

2) Ao dormir, o ideal é deitar-se de lado (decúbito lateral), colocando uma almofada entre as pernas.

3) Movimente os pés, com movimentos circulares, de um lado para o outro, sempre que puder. Isso evitará cãibras.

4) Exercite a região do períneo, contraindo a vagina e o ânus, um de cada vez. Contraia e solte relaxando. Realize em torno de 100 contrações por dia.

5) Cuide para não se levantar repentinamente da cama, nem fazer movimentos bruscos.

6) Espreguice os ombros, alongue os braços e as pernas, tente bocejar. Após estes movimentos, levante-se, virando de lado e apoiando o peso do corpo sobre os braços.

7) Sempre que possível, deite-se sobre o tapete (decúbito dorsal) e flexione os joelhos, mantendo os pés bem apoiados no chão. Isso vai aliviar as dores nas costas.

8) Ao realizar serviços caseiros, como lavar roupa, louça etc., coloque um suporte, com aproximadamente 15cm de altura, embaixo do pé direito. Após algum tempo, alterne para o pé esquerdo. Repita várias vezes.

9) Ao pegar objetos no chão, flexione os joelhos e mantenha as costas retas.

10) Caminhe sempre que puder. Inspire pelo nariz, soltando o ar pela boca, calmamente.

11) Massagear os seios para estimular a formação de bicos. Os bicos devem ser massageados inicialmente com a esponja e depois com bucha, para torná-los mais resistentes. Este procedimento di-

minui as dores, evitando rachaduras. Deve ser feito desde o início da gestação.

12) Todo final de dia, posicionar as pernas para cima, durante uns 20 minutos.

13) A alimentação deve ser rica em vitaminas, proteínas e minerais. Controle as gorduras e o hidrato de carbono.

14) A gestante deve dormir 8 horas por dia.

15) Treinar os exercícios respiratórios e manter-se calma. Uma sessão de relaxamento será muito importante. Realizá-la pelo menos duas vezes por semana.

16) Manter o controle periódico da gestação com o obstetra.

SUGESTÕES PARA A MATERNIDADE

Uso da mãe

- 4 camisolas com abertura na frente.
- 1 robe.
- Sutiã para amamentação.
- 2 pacotes de absorventes higiênicos.
- 1 toalha de banho.
- 1 toalha de rosto.
- *Nécessaire* com escova de dente, creme dental, desodorante, sabonete, shampoo etc.

Uso do bebê

- 4 a 5 macacões tipo *tip-top*.
- 5 *bodies*.
- 5 mijõezinhos.
- 3 jogos de camisinhas pagão ou camisetinhas.
- 3 casaquinhos de lã.
- 2 sapatinhos.
- 2 dúzias de fraldas descartáveis.
- 1 manta.
- 1 cobertor (de algodão).
- 3 viramantas ou fraldas grandes.

DICAS GERAIS

- Opções de uso de fraldas de pano – 60 fraldas de pano (estoque mínimo) – lavar as fraldas com sabão de coco e enxaguar. Após colocar as fraldas em 1 litro de água, adicione uma colher de vinagre branco e enxágue novamente (Prevenção da Monilíase "sapinho do bumbum").

- Lavar as roupinhas com sabão de coco e não usar amaciante.

- Recomenda-se retirar as etiquetas para não machucar o bebê e nem causar alergias.

- Opções de uso de fraldas descartáveis:

  - 36 unidades de fraldas tipo recém-nascido (uso até a queda do cordão umbilical).

- 288 unidades de fraldas tamanho pequeno.
- 240 unidades de fraldas tamanho médio (estoque mínimo para 3 (três) meses).

Outros itens importantes

- Berço com regulagem de altura de grades (distância não superior a 6cm entre uma e outra grade).

- Colchão de espuma com revestimento de algodão.

- Armário exclusivo para o bebê.

- Cômoda-trocador (quatro gavetas e tampo resistente).

- Cadeira confortável para amamentação.

- Lixeira.

- Banheira (tipo bacia).

- Garrafa térmica (água morna para higiene do bebê).

- Termômetro.

- Bolsa de água (pequena).

- Tesoura pequena com pontas arredondadas.

- Cesto pequeno para produtos de higiene.

- Prateleira (ao lado do trocador).

- Carrinho para passeio.

- Cadeira para transporte do bebê no carro (nos primeiros meses, a cadeira deve ser fixada de costas para o motorista, no banco traseiro).

- Aquecedor.

DIREITOS SOCIAIS DA GESTANTE

Nos três primeiros meses, as mudanças no corpo da gestante são poucas. Sua barriga ainda não aparece, mas seus direitos já estão garantidos por lei.

Toda gestante tem, por direito:

- Prioridade nas filas para atendimento em instituições públicas ou privadas como postos do INSS, bancos, supermercados etc.

- Prioridade para acomodar-se sentada em transportes coletivos.

- Companhias aéreas exigem autorização médica para viagens nacionais e internacionais a partir do 7º mês de gestação (28ª semana), sendo que o ideal seria a partir do 5º mês de gestação (20ª semana) e a partir da 35ª semana as viagens são contra-indicadas.

- Ter um parto normal e de ser atendida por uma equipe preparada e atenciosa.

- Contar com a presença de acompanhante no momento do parto, como o pai da criança, parente ou pessoa amiga. De preferência, acerte isso antes do parto.

- Ter a criança ao seu lado, em quarto conjunto, e amamentar. Só precisarão ficar separados se algum dos dois tiver algum problema.

- Tirar o registro (certidão de nascimento) de seu bebê gratuitamente em qualquer cartório, logo que deixar a maternidade.

BIBLIOGRAFIA CONSULTADA

COHEN, B.J.; WOOD, D.; LIN, M. *O Corpo Humano na saúde e na doença*. São Paulo: Manole, 2002.

FOSS, M.L.; KETEYIAN, S.J. *Bases Fisiológicas do exercício e do esporte*. 6ª ed. Rio de Janeiro: Guanabara Koogan, 2000.

GHORAYEB, N.; BARROS, T. *O Exercício*: preparação fisiológica, avaliação médica, aspectos especiais e preventivos. São Paulo: Atheneu, 1999.

GUEDES, D.P. *Musculação*: estética e saúde feminina. São Paulo: Phorte, 2003.

HALL, C.M.; BRODY, L.T. *Exercício Terapêutico*: na busca da função. Rio de Janeiro: Guanabara Koogan, 1999.

HANLON, T. *Ginástica para gestantes*: o guia oficial da YMCA para exercícios pré-natais. São Paulo: Manole, 1999.

McARDLE, W.; KATCH, F.I.; KATCH, V.L. *Fisiologia do Exercício*: energia, nutrição e desempenho humano. 5ªed. Rio de Janeiro: Guanabara Koogan, 2003.

MOORE, K.; PERSAUD, T.V.N. *Embriologia Clínica*. 7ªed. Rio de Janeiro: Elsevier, 2004.

NIEMAN, D.C. *Exercício físico e saúde*. São Paulo: Manole, 1999.

OLIVEIRA, V.B. de (Org.). *O brincar e a criança do nascimento aos seis anos*. 3ªed. Petrópolis: Editora Vozes, 2001.

POLDEN, M.; MANTLE, J. *Fisioterapia em ginecologia e obstetrícia*. 2ªed. São Paulo: Santos, 2000.

ROHEN. et al. *Anatomia Humana*. 4ª ed. São Paulo: Manole, 1998.

SHINYASHIKI, R. *Pais e filhos*: companheiros de viagem. São Paulo: Gente, 1992.

TEDESCO, J.J de A. *A grávida*: suas indagações e as dúvidas do obstetra. São Paulo: Atheneu, 1999.

WERNECK. et al. *Atlas de anatomia humana*. SOBOTTA. v.2. 2ªed. Rio de Janeiro: Guarnabara Koogan, 1993.

WHITEFORD, B.; POLDEN, M. *Exercícios pós-natais.[s/l]:* Maltese-Norma, 1992.

WILMORE, J.H.; COSTILL, D.L. *Fisiologia do esporte e do exercício*. 2ªed. São Paulo: Manole, 2001.

ZIEGEL, E.E.; CRANLEY, M.S. *Enfermagem Obstétrica*. 8ªed. Rio de Janeiro: Editora Guanabara Koogan, 1986.

SOBRE O LIVRO

Formato: 17x24 cm
Mancha: 11x16 cm
Tipologia: Korinna Bt, HoratioDBol
Papel: Offset 75g
nº páginas: 152
2ª edição: 2009

EQUIPE DE REALIZAÇÃO

Assistente Editorial
Talita Gnidarchichi

Impressão
Gráfica:
Prol Editora Gráfica